中国城市轨道交通协会职业技能标准

城市轨道交通接触网(轨)检修工

中国城市轨道交通协会　发布

图书在版编目(CIP)数据

城市轨道交通接触网(轨)检修工/中国城市轨道交通协会编制.—北京:中国铁道出版社,2018.1
(中国城市轨道交通协会职业技能标准)
ISBN 978-7-113-23707-3

Ⅰ.①城… Ⅱ.①中… Ⅲ.①城市铁路-接触网-检修-职业培训-教材 Ⅳ.①U239.5

中国版本图书馆 CIP 数据核字(2017)第 205413 号

书　　名: 中国城市轨道交通协会职业技能标准
城市轨道交通接触网(轨)检修工
作　　者: 中国城市轨道交通协会

责任编辑: 徐　艳　　　**协会电话:** 010-51289099-823
封面设计: 王镜夷
责任校对: 孙　玫
责任印制: 高春晓

出版发行: 中国铁道出版社(100054,北京市西城区右安门西街 8 号)
网　　址: http://www.tdpress.com
印　　刷: 北京铭成印刷有限公司
版　　次: 2018 年 1 月第 1 版　2018 年 1 月第 1 次印刷
开　　本: 850 mm×1 168 mm　1/32　印张:2.875　字数:51 千
书　　号: ISBN 978-7-113-23707-3
定　　价: 20.00 元

关于颁发《城市轨道交通信号工》等第一批8个工种职业技能标准的通知

各有关单位：

为满足城轨交通企业生产经营、人力资源管理，满足城轨交通职业教育培训和职业技能鉴定需要，协会根据国家发改委、教育部、人社部《关于加强城市轨道交通人才建设的指导意见》（发改基础〔2017〕74号）精神，依据《中华人民共和国职业分类大典（2015年版）》、《国家职业技能标准编制规程》的有关规定，结合我国城轨交通实际，组织编制了《城市轨道交通信号工》等第一批8个工种的职业技能标准，业已审定，现颁发试行。试行过程中，将根据实际需要及时进行修订。

《城市轨道交通信号工》等第一批8个工种职业技能标准目录见附件。

中国城市轨道交通协会

二〇一七年十月二十日

附件：

工种目录

1. 城市轨道交通信号工
2. 城市轨道交通线路工
3. 城市轨道交通接触网(轨)检修工
4. 城市轨道交通变电检修工
5. 城市轨道交通列车司机
6. 城市轨道交通列车检修工
7. 城市轨道交通服务员
8. 城市轨道交通自动售检票检修工

《中国城市轨道交通协会职业技能标准》
编写委员会

主　　任： 包叙定

副 主 任： 周晓勤　宋敏华　安小芬　谢正光
俞光耀　丁建隆　王　峙　林茂德
余黎康

委　　员： 杜晓红　王春玲　丁小学　汪　杨
曾　良　姚汝龙

编写单位： 上海申通地铁集团有限公司
北京市地铁运营有限公司
广州地铁集团有限公司
重庆市轨道交通（集团）有限公司
深圳市地铁集团有限公司
中国城市轨道交通协会现代有轨电车分会

《中国城市轨道交通协会职业技能标准》编制说明

为适应我国城轨交通快速发展形势下企业生产经营、人力资源管理的迫切需求，满足城轨交通职业教育培训和职业技能鉴定等需要，中国城市轨道交通协会在国家发展改革委、交通运输部、住建部、人力资源和社会保障部等政府部门的支持和指导下，组织编制了行业急需的《城市轨道交通信号工》等8个工种的职业技能标准为第一批发布。

一、指导思想

依据《中华人民共和国职业分类大典》，在已有国家和行业标准的基础上，从满足急需、填补空白、细化需求出发，按照《国家职业技能标准编制规程》的要求，补充完善行业职业技能标准体系，指导企业建立健全有关规制，为制定年度行业人才培养指南、开展技能水平评价等工作提供支撑。

二、编制原则

1. 科学适用原则。标准体现了城轨交通从业人员的理论知识和操作技能的要求，科学合理，既考虑行业现状，又兼顾技术发展。

2. 可操作性原则。标准着眼于城轨交通行业未来发展，考虑国家、行业、企业的实际情况，既覆盖地铁、轻轨等传统制式，又包含了快速发展的跨座式单轨和有轨电车；既突出该职业当前主流技术、技能的要求，又兼顾不同城市和企业间可能存在的差异，从城轨交通网络化模式下的工种通用性出发，采取大工种的概念，将各家参编单位行之有效的共性标准吸收进来，并关注新运营企业的实际需求，适度超前指导，内容具体，可度量、可检验，便于实施，易于理解。

3. 标准化原则。各项标准文体与术语符合国家最新技术标准，内容结构、表述方法符合《国家职业技能标准编制规程》的要求。

三、编制过程

标准研究与编写工作历时两年，经过启动阶段、初稿阶段、征求意见稿阶段、送审稿阶段以及终审、复核等环节。征求意见阶段，多方听取意见建议，几上几下反复修改完善，得到了主要牵头单位和参与单位的大力支持，直接和间接参与研究编写的专家团队超过百余人。

四、结构与主要内容

标准包括：职业概况、基本要求、工作要求和比重表四部分。

1. 职业概况：职业名称、职业定义、职业等级、职业环境条件、职业能力特征、基本文化程度、培训要求、技能鉴定要求等项内容。

2. 基本要求：职业道德和基础知识两部分内容。

3. 工作要求:职业功能、工作内容、技能要求、相关知识要求四项内容。

4. 比重表:理论知识和操作技能两部分内容。

五、本标准有关说明

1.《城市轨道交通接触网(轨)检修工》在编制中难免有疏漏之处,望各有关单位随时将执行中的有关问题与协会相关部门沟通。

2.《城市轨道交通接触网(轨)检修工》由中国城市轨道交通协会负责解释,并自2017年10月20日起执行。

3.《城市轨道交通接触网(轨)检修工》主要编写人员:宁晓来、梁刚、葛铁军、耿星洁、曾良、朱增强、杨虎、闫冲、杨航。其中,跨座式单轨部分:王峙、王凌、田江华、梁林、戴福、李军、王成斌、梁廷辉、邓绍渝、朱琳超。有轨电车部分:仲晓晨、邱慧玉、姚汝龙、李春杰、张灿明、苏兴国、孙兴华、陈元江、滕君超。

目　　录

城市轨道交通接触网(轨)检修工职业技能标准

1 职业概况

1.1 职业名称

城市轨道交通接触网(轨)检修工。

1.2 职业定义

从事城市轨道交通接触网设备安装、操作、检修和故障处理的人员。

1.3 职业等级

本职业共设五个等级,分别为:初级(五级)、中级(四级)、高级(三级)、技师(二级)、高级技师(一级)。

1.4 职业环境条件

室外,全天候,高空,高电压。

1.5 职业能力特征

有获取、理解、分析、判断外界信息的能力;口齿清晰,四肢健全,动作灵活,协调性好;有空间想象及一般计算能力;无恐高症、心脏病、癫痫病等职业禁忌症;听力及辨色力正常,双眼矫正视力不低于5.0,无色盲、色弱。

1.6 基本文化程度

高中毕业(或同等学历)。

1.7 培训要求

1.7.1 培训期限

全日制职业学校教育,根据其培养目标和教学计划确定。晋级培训期限:初级不少于120标准学时;中级不少于150标准学时;高级不少于180标准学时;技师不少于210标准学时;高级技师不少于240标准学时。

1.7.2 培训教师

培训初、中、高级的教师应具有本职业技师及以上职业资格证书或相关专业中级及以上专业技术职务任职资格;培训技师的教师应具有本职业高级技师职业资格证书或相关专业高级专业技术职务任职资格;培训高级技师的教师应具有本职业高级技师职业资格证书2年及以上或本专业高级专业技术职务任职资格。

1.7.3 培训场地设备

满足教学需要的标准教室、技能培训基地、演练场或作业现场,有技能培训必要的设备、工具、备品等。理论培训场地应配备投影仪、播放设备。实际操作培训场、演练场或作业现场所应能满足培训要求的场地,且具有相应的设备、工具、备品，通风条件良好，光线充足，安全设施完善。

1.8 鉴定要求

1.8.1 适用对象

从事或准备从事本职业的人员。

1.8.2 申报条件

——初级(五级)

取得中等职业教育毕业证书。

——中级(四级)

在本企业从事本职业工作，并具备以下条件之一者：

(1)取得本职业初级(五级)职业资格证书1年及以上；

(2)取得高等职业教育毕业证书；

(3)具有高中及以上文化程度，且连续从事本职业工作2年及以上；

(4)取得相关职业(工种)中级(四级)职业资格证书，且连续从事本职业工作1年及以上。

——高级(三级)

在本企业从事本职业工作，并具备以下条件之一者：

(1)取得本职业中级(四级)职业资格证书2年及以上；

(2)取得高等教育毕业证书；

(3)取得高等职业教育毕业证书，且连续从事本职业工作3年及以上；

(4)取得相关职业(工种)高级(三级)职业资格证书2年及以上，且连续从事本职业工作3年及以上。

——技师(二级)

在本企业从事本职工作,并具有以下条件之一者:

(1)具有中等职业教育或高中以上学历,在本企业从事本职业工作,且取得本职业高级(三级)职业资格证书3年及以上。

(2)具有中等职业教育或高中以上学历,长期从事本职业工作,技术领先,具有突出的工作业绩,符合试点企业的破格申报条件,经本人申请、单位推荐,公示通过后,可破格申报技师(二级)。

——高级技师(一级)

在本企业从事本职工作,并具有以下条件之一者:

(1)具有中等职业教育或高中及以上学历,在本企业从事本职业工作,且取得本职业技师(二级)职业资格证书4年及以上;

(2)具有中等职业教育或高中及以上学历,长期从事本职业工作,技术领先,具有突出的工作业绩,符合试点企业的破格申报条件,经本人申请、单位推荐,公示通过后,可破格申报高级技师(一级)。

1.8.3 鉴定方式

分为理论知识考试和技能操作考核。理论知识考试采用闭卷笔试方式,技能操作考核采用现场实际操作方式。理论知识考试和技能操作考核均实行百分制,成绩皆达60分及以上者为合格。技师、高级技师还须进行综合评审。

1.8.4 考评人员与考生配比

理论知识考试考评人员与考生配比为1∶15,每个标准教室不少于 2 名考评人员。技能操作考核考评员与考生配比为 1∶5,且不少于 3 名考评员。综合评审委员不少于 3 人的单数。

1.8.5 鉴定时间

理论知识考试时间不少于 60 min,技能操作考核时间按实际需要和考核项目确定,原则上不少于 60 min(等级和项目不同则时间不同)。

1.8.6 鉴定场所设备

理论知识考试在标准教室进行。技能操作考核在职业技能鉴定基地、演练场或作业现场进行。场地条件及工具、量具、仪表等应满足实际操作需要,可酌情配设辅助操作人员。

2　基本要求

2.1　职业道德

2.1.1 职业道德基本知识

2.1.2 职业守则

(1)遵守法律、法规及各项规章制度等有关规定

(2)爱岗敬业,具有高度的使命感及责任心

(3)钻研业务,开拓创新,努力提高技术文化素质

(4)工作认真负责,具有良好的团队合作精神

(5)严格执行工作程序、工作规范、工作标准和安全操作规程

(6)安全生产,精检细修

(7)爱护设备及工具、仪器、仪表

(8)保持工作环境清洁有序,文明生产

2.2　基础知识

2.2.1 基本知识

(1)零件图、装配图、平面布置图的读图基本知识

(2)受力分析及作简单受力图的方法

(3)摩擦、拉伸与压缩变形、剪切与挤压、扭转、弯曲变形、强度计算的一般知识

(4)机械零件的一般知识

(5)机械传动的知识

(6)气体、液体、固体放电原理及电介质老化击穿的一般知识

(7)过电压及其防护知识

(8)接触网线材、零配件及金具知识

(9)绝缘部件的基本知识

(10)混凝土的基本知识

(11)城市轨道交通的组成、特点、供电方式及电压等级

(12)接触网的结构、种类、作用、主要技术要求

(13)继电保护一般知识

(14)安全电压、安全电流、跨步电压、安全距离

(15)工作接地、保护接地

(16)现场一般救护常识

(17)轨道电路的基本原理

(18)受电弓的结构、工作特性以及弓网关系

(19)线路、车辆限界一般知识

(20)消防知识

2.2.2 设备、工具的使用与维护知识

(1)安全帽、荧光衣、安全带、验电器、接地线、绝缘手套、绝缘鞋

(2)万用表、兆欧表、接地电阻测试仪、激光测距仪、游标卡尺、水平尺

(3)扭矩扳手、断线钳、滑轮组、手扳葫芦、紧线器、拉

力带、绳子

(4)放线车、导线校正器、导线直弯器、紧线器、压接工具、电钻、切割机

(5)梯车、梯子、工程作业车、放线车、对讲机等

(6)接触轨检测尺、接触轨巡检镜、接触轨钻孔机、接触轨切割机等

2.2.3 相关法律、法规和规章知识

(1)《中华人民共和国劳动法》相关知识

(2)《中华人民共和国职业病防治法》相关知识

(3)《中华人民共和国交通法》相关知识

(4)《中华人民共和国消防法》相关知识

(5)《地铁设计规范》相关知识

(6)《城市轨道交通试运营基本条件》相关知识

(7)《城市轨道交通运营管理规范》相关知识

(8)《国家城市轨道交通运营突发事件应急预案》相关知识

(9)其他与本职业相关法律、法规和规章知识

3　工作要求

本标准对初级(五级)、中级(四级)、高级(三级)、技师(二级)、高级技师(一级)的技能要求依次递进,高级别涵盖低级别的要求。

3.1　初级(五级)—接触网检修工

职业功能	工作内容	技能要求	相关知识
1 支撑、定位装置安装与检修	1.1 组装腕臂及安装汇流排	1.1.1 能看懂接触网设备装配图 1.1.2 能识别并选用接触网常用零部件 1.1.3 能根据给定尺寸在地面完成腕臂组装 1.1.4 能根据装配图完成汇流排定位装置安装	1.1.1 接触网图形符号知识 1.1.2 接触网常用零件型号、规格、用途、使用方法 1.1.3 螺栓紧固标准 1.1.4 防触电和救护的相关知识 1.1.5 绝缘子的相关知识及其清扫方法和要求
	1.2 清扫绝缘子	1.2.1 能登高作业 1.2.2 能清扫绝缘子	

续上表

职业功能	工作内容	技能要求	相关知识
2 接触悬挂装置安装与检修	2.1 辅助地面作业	2.1.1 能识别、使用常用工具、材料 2.1.2 能推扶梯车、辅助扶梯 2.1.3 能测量导高、拉出值 2.1.4 能操作手动隔离开关	2.1.1 接触网安全工作规程有关推扶梯车、手动隔离开关操作的规定 2.1.2 工具材料的使用要求 2.1.3 吊弦的类型 2.1.4 吊弦制作工艺标准 2.1.5 接触网常用工器具、仪表的用途和使用方法
	2.2 制作吊弦	2.2.1 能制作整体吊弦 2.2.2 能制作 N 型吊弦	
3 设备检修防护	3.1 验电及接、拆地线	3.1.1 能进行接触网验电 3.1.2 能按程序接挂、拆除地线	3.1.1 接触网安全工作规程中有关验电、接地的规定 3.1.2 验电器材的使用方法及注意事项

3.2 初级(五级)—接触轨检修工

职业功能	工作内容	技能要求	相关知识
1 设备测量与巡视	1.1 测量本体参数	1.1.1 能看懂接触轨系统装配图 1.1.2 能正确使用接触轨检测尺 1.1.3 能进行限界测量	1.1.1 接触轨安装图识读 1.1.2 接触轨检测尺原理及使用方法 1.1.3 接触轨安装标准 1.1.4 接触轨相关检修规程
	1.2 巡视设备	1.2.1 能掌握接触轨系统设备种类 1.2.2 能掌握接触轨系统设备巡视主要内容	
2 隔离开关倒闸操作	2.1 倒闸操作准备工作	2.1.1 能进行倒闸作业的接令工作 2.1.2 能掌握隔离开关的基本功能 2.1.3 能识别隔离开关的控制范围	2.1.1 接触轨系统停送电有关规定 2.1.2 隔离开关功能位置及设备基本知识 2.1.3 隔离开关操作方法
	2.2 操作隔离开关	2.2.1 能掌握隔离开关电动、手动的操作方法 2.2.2 能熟练进行隔离开关的倒闸作业	
3 设备检修防护	3.1 验电及接、拆地线	3.1.1 能进行接触轨验电 3.1.2 能按程序接挂、拆除地线	3.1.1 接触网安全工作规程中有关验电、接地的规定 3.1.2 验电器材的使用方法及注意事项

3.3 中级(四级)—接触网检修工

职业功能	工作内容	技能要求	相关知识
1 支撑、定位装置安装与检修	1.1 装配简单支柱	1.1.1 能按图完成支柱装配选材 1.1.2 能完成支柱的预制和安装	1.1.1 平面图、装配图、零件图的识读知识 1.1.2 螺栓紧固标准
	1.2 检、调接触网支撑、定位装置	1.2.1 能进行支撑装置、定位装置的安装 1.2.2 能完成支撑装置、定位装置的初步调整	
2 接触悬挂装置安装与检修	2.1 制作安装线索接头、终端及检调分段绝缘器	2.1.1 能制作线索终端和中间接头 2.1.2 能安装终端线夹和中间接头线夹 2.1.3 能检修分段绝缘器 2.1.4 能安装、调整分段绝缘器	2.1.1 终端、中间接头技术标准 2.1.2 螺栓紧固标准 2.1.3 分段绝缘器作用、结构、检修工艺及技术标准 2.1.4 检调分段绝缘器接、触悬挂有关工具、量具的使用要求 2.1.5 接触网设备检修规程接触悬挂、补偿装置、辅助馈线、架空地线检修工艺 2.1.6 滑轮组传动比知识
	2.2 调整接触悬挂	2.2.1 能调整中心锚结、吊弦、锚段关节、线岔、更换绝缘子 2.2.2 能调整拉出值、导线高度、结构高度、定位坡度 2.2.3 能调整汇流排参数 2.2.4 能制作接触网电连接	

续上表

职业功能	工作内容	技能要求	相关知识
2 接触悬挂装置安装与检修	2.3 检调补偿装置	2.3.1 能使用下锚补偿曲线确定 a、b 值 2.3.2 能检调补偿装置	
	2.4 检调辅助馈线、架空地线	2.4.1 能检调辅助馈线、架空地线	
3 设备安装与检修	3.1 操作、检调隔离开关	3.1.1 能操作接触网隔离开关 3.1.2 能检调接触网隔离开关	3.1.1 倒闸作业相关规定 3.1.2 避雷器结构及检调相关要求 3.1.3 高电压防雷及接触网接地极相关知识 3.1.4 均回流设施知识
	3.2 检修防雷设施	3.2.1 能检调避雷器 3.2.2 能测量、维修接地极、相连电缆	
	3.3 检修均回流设施	3.3.1 能检修单向导通装置 3.3.2 能检修均回流设备	

续上表

职业功能	工作内容	技能要求	相关知识
4 设备测量与巡视	4.1 测量几何参数	4.1.1 能测量计算接触线和承力索位置、定位坡度及补偿器 a、b 值 4.1.2 能测量计算线岔、锚段关节、分段绝缘器有关参数 4.1.3 能测量接触线磨耗 4.1.4 能测量计算承力索及附加导线弛度 4.1.5 能测量限界、绝缘距离	4.1.1 接触网参数标准、测量计算方法 4.1.2 接地电阻测试仪、兆欧表等测量工具使用方法及注意事项 4.1.3 接触网设备接地电阻的标准
	4.2 测量接地电阻、绝缘电阻	4.2.1 能使用接地电阻测试仪测量接地电阻 4.2.2 能使用兆欧表测量绝缘电阻	
	4.3 巡视设备	4.3.1 能进行设备巡视 4.3.2 能填写巡视记录	

续上表

职业功能	工作内容	技能要求	相关知识
5 设备检修防护	5.1 作业请销点及行车防护	5.1.1 能完成接触网作业请销点工作 5.1.2 能完成现场行车防护	5.1.1 行车组织相关知识 5.1.2 作业区防护规定 5.1.3 接触网安全工作规程有关作业请销点、监护作业的规定
	5.2 监护验电接地、倒闸操作	5.2.1 能监护验电、接地操作 5.2.2 能监护隔离开关倒闸操作	

3.4 中级(四级)—接触轨检修工

职业功能	工作内容	技能要求	相关知识
1 设备测量与巡视	1.1 测量几何参数	1.1.1 能测量接触轨系统几何参数 1.1.2 能测量膨胀接头补偿间隙 1.1.3 能测量限界、绝缘距离	1.1.1 接触轨参数标准、测量计算方法 1.1.2 接地电阻测试仪、兆欧表使用方法 1.1.3 安全工作规程有关设备巡视的规定 1.1.4 设备检修规程有关记录填写的规定
	1.2 测量接地电阻、绝缘电阻	1.2.1 能使用接地电阻测试仪测量接地电阻 1.2.2 能使用兆欧表测量绝缘电阻	
	1.3 巡视设备，填写施工及检修记录	1.3.1 能进行设备的全面巡视 1.3.2 能填写巡视记录、值班日志及检修记录	

续上表

职业功能	工作内容	技能要求	相关知识
2 设备安装与检修	2.1 拆装接触轨本体设备	2.1.1 能按图完成接触轨本体、中间接头、中心锚结、膨胀接头、端部弯头、绝缘支撑、防护罩等接触轨本体设备的拆、装作业 2.1.2 能按图完成接触轨本体设备的限界调整作业	2.1.1 平面图、施工图、零件图的识读知识 2.1.2 接触轨设备检修标准 2.1.3 螺栓紧固标准 2.1.4 膨胀式电气塞钉的安装工艺要求和标准 2.1.5 避雷器结构及检调要求 2.1.6 高电压防雷及接触网接地知识 2.1.7 均回流设相关知识
	2.2 安装膨胀式电气塞钉	2.2.1 能分辨塞钉型号及种类 2.2.2 能正确使用塞钉安装设备 2.2.3 能正确进行塞钉安装	
	2.3 检调隔离开关	2.3.1 能检调隔离开关	
	2.4 检调防雷与均回流设备	2.4.1 能检调避雷器 2.4.2 能测量接地极、相连电缆 2.4.3 能检修单导装置 2.4.4 能检修均回流设备	

续上表

职业功能	工作内容	技能要求	相关知识
3 故障抢修	3.1 判断及处理故障	3.1.1 能进行接触轨防护罩移位、端部弯头拉弧、膨胀接头间隙不达标等常见故障的准确判断 3.1.2 能对以上常见故障进行处理	3.1.1 接触轨缺陷知识 3.1.2 接触轨部件的更换工艺及标准 3.1.3 接触轨故障处理方法
4 设备检修防护	4.1 作业请销点及行车防护	4.1.1 能完成接触轨作业请销点工作 4.1.2 能完成现场行车防护	4.1.1 行车组织相关知识 4.1.2 作业区防护规定 4.1.3 安全工作规程有关作业请销点、监护作业的规定
	4.2 监护验电接地、倒闸操作	4.2.1 能监护验电、接地操作 4.2.2 能监护隔离开关倒闸操作	

3.5 高级(三级)—接触网检修工

职业功能	工作内容	技能要求	相关知识
1 支撑定位装置安装与检修	1.1 装配复杂支柱	1.1.1 能按图完成复杂支柱装配选材 1.1.2 能根据参数进行支柱装配	1.1.1 平面图、装配图识读 1.1.2 零部件安装技术标准

续上表

<table>
<tr><th>职业功能</th><th>工作内容</th><th>技能要求</th><th>相关知识</th></tr>
<tr><td rowspan="2">2
接触网接触悬挂装置安装与检修</td><td>2.1 安装、更换接触悬挂装置</td><td>2.1.1 能安装、更换中心锚结、吊弦、电连接、汇流排
2.1.2 能安装、更换锚段关节、线岔等装置</td><td rowspan="2">2.1.1 刚、柔性接触悬挂装置、补偿装置、下锚拉线、分段绝缘器安装工艺及技术标准
2.1.2 安装接触悬挂装置、分段绝缘器有关工具的使用要求
2.1.3 更换刚柔性接触悬挂装置的方法及要求</td></tr>
<tr><td>2.3 安装、更换补偿装置、分段绝缘器及下锚拉线</td><td>2.3.1 能测量、预制、安装及更换补偿装置
2.3.2 能测量、预制、安装下锚拉线
2.3.3 能安装、更换分段绝缘器</td></tr>
<tr><td rowspan="3">3
设备安装与检修</td><td>3.1 安装、更换隔离开关</td><td>3.1.1 能预配隔离开关及操作机构
3.1.2 能安装、更换隔离开关</td><td rowspan="2"></td></tr>
<tr><td>3.2 安装、更换避雷器</td><td>3.2.1 能安装、更换避雷器</td></tr>
<tr><td>3.3 安装、更换刚柔过渡、汇流排中间接头</td><td>3.3.1 能安装、更换刚柔过渡
3.3.2 能安装、更换汇流排中间接头</td><td>3.1.1 隔离开关、避雷器结构原理及安装要求
3.1.2 汇流排中间接头、刚柔过渡装置安装要求</td></tr>
</table>

续上表

职业功能	工作内容	技能要求	相关知识
4 故障抢修	4.1 接触网故障抢修	4.1.1 能处理塌网故障 4.1.2 能处理隧道漏水、异物搭接导致供电故障 4.1.3 能处理支柱、接触悬挂、支撑定位、隔离开关、避雷设施、线岔、锚段关节、中心锚结、补偿、绝缘子、馈线、地线等故障 4.1.4 能处理刚性锚段关节、线岔、汇流排、中间接头、刚柔过渡等故障	4.1.1 接触网故障应急预案、城市轨道交通行车组织规则有关配合事故抢修救援的规定 4.1.2 抢修作业的程序及安全注意事项 4.1.3 机车牵引及受电弓取流知识
	4.2 指挥故障抢修	4.2.1 能组织人员分工、工器具准备 4.2.2 能收集故障有关信息 4.2.3 能对故障原因进行初步分析 4.2.4 能制定抢修方案	

续上表

职业功能	工作内容	技能要求	相关知识
5 组织施工(检修)及验交	5.1 签发及审核工作票	5.1.1 能签发及审核接触网停电工作票	5.1.1 接触网供电示意图、越区供电方案及停电作业有关规定 5.1.2 接触网安全工作规程有关签发工作票、工作领导人的规定 5.1.3 大型作业情况下行车组织相关要求
	5.2 组织接触网检修作业	5.2.1 能组织接触网停电作业 5.2.2 能组织调整接触网参数的作业	

3.6 高级(三级)—接触轨检修工

职业功能	工作内容	技能要求	相关知识
1 设备安装与检修	1.1 调整膨胀接头	1.1.1 能计算膨胀接头补偿间隙标准 1.1.2 能根据参数调整膨胀接头补偿间隙	1.1.1 平面图、装配图相关知识 1.1.2 零部件安装、电缆敷设、带电显示装置及避雷器验收规范技术标准 1.1.3 接触轨参数标准、测量计算方法
	1.2 调整中心锚结	1.2.1 能根据参数调整中心锚结 1.2.2 能更换中心锚结	

续上表

职业功能	工作内容	技能要求	相关知识
1 设备安装与检修	1.3 更换接触轨相关电缆	1.3.1 能组织接触轨相关电缆的更换 1.3.2 能完成电缆更换后的试验及验收工作	1.1.4 隔离开关结构原理及安装要求、安全注意事项
	1.4 安装、更换隔离开关、避雷器、带电显示装置	1.4.1 能安装、更换隔离开关 1.4.2 能安装、更换避雷器 1.4.3 能安装、更换带电显示装置	
2 故障抢修	2.1 抢修接触轨故障	2.1.1 能处理隔离开关、带电显示装置、自动地线装置、滑触线控制柜、单向导通装置等柜体设备故障 2.1.2 能处理隧道漏水、异物搭接导致供电故障、接触轨膨胀接头、避雷设施、中心锚结、均回流系统、电缆等故障	2.1.1 故障应急处理有关规定 2.1.2 抢修作业的程序及安全注意事项 2.1.3 受电靴取流及机车牵引相关知识
	2.2 指挥故障抢修	2.2.1 能组织抢险人员分工、工器具准备 2.2.2 能收集故障有关信息并能分析判定 2.2.3 能对故障原因进行初步分析	

续上表

职业功能	工作内容	技能要求	相关知识
3 组织施工(检修)及验交	3.1 签发及审核工作票	3.1.1 能签发及审核接触轨停电工作票	3.1.1 接触轨供电示意图、越区供电方案 3.1.2 停电作业有关规定
	3.2 组织接触轨检修作业	3.2.1 能组织接触轨停电作业 3.2.2 能组织整锚段调整接触轨参数	

3.7 技师(二级)

职业功能	工作内容	技能要求	相关知识
1 故障抢修	1.1 制定抢修预案	1.1.1 能查找分析故障原因并提出解决措施 1.1.2 能制定故障抢修预案	1.1.1 设备故障信息相关知识 1.1.2 制定故障抢修预案的要求 1.1.3 接触网(轨)故障的发生原因及处理方法
	1.2 处理设备故障	1.2.1 能进行大型弓网、轨靴故障处理 1.2.2 能配合处理隧道沉降、抬升、塌方、列车脱轨及其他外部原因引起的接触网(轨)大型故障	

续上表

职业功能	工作内容	技能要求	相关知识
2 组织施工(检修)及验交	2.1 架设接触线、接触轨、承力索、汇流排、附加导线	2.1.1 能组织架设接触线、承力索、汇流排及附加导线	2.1.1 接触轨系统检修更换工艺及安全注意事项 2.1.2 张力、弛度、补偿安装曲线标准 2.1.3 接触线、承力索、汇流排及附加导线架线工艺及安全注意事项 2.1.4 工程列车使用要求及注意事项
	2.2 更换接触轨、接触线、承力索、汇流排、附加导线	2.2.1 能组织更换接触线、承力索、汇流排及附加导线 2.2.2 能组织更换接触轨系统	
3 技术管理	3.2 分析接触网运行状态	3.2.1 能根据监测、检修结果分析接触网运行状态,撰写总结报告	3.1.1 接触网(轨)结构受力分析 3.1.2 弓网(轨靴)关系知识 3.1.3 接触网(轨)施工、检修工艺的技术和安全知识 3.1.4 技术总结的内容和写作方法 3.1.5 牵引供电新技术、新工艺、新材料、新设备相关知识
	3.3 制定整改措施	3.3.1 能制定设备缺陷整改措施	
	3.4 编制和改进接触网施工、检修工艺	3.4.1 能分析接触网(轨)结构、零部件、工具存在的不足并提出改进建议 3.4.2 能编制、改进接触网(轨)施工、检修工艺 3.4.3 能在作业中应用、推广新技术、新工艺	

续上表

职业功能	工作内容	技能要求	相关知识
4 培训与指导	4.1 技能培训	4.1.1 能对高级及以下接触网(轨)检修工进行安全、技术培训 4.1.2 能编写培训讲义	4.1.1 培训、授课相关知识
	4.2 业务指导	4.2.1 能对高级及以下接触网(轨)检修工进行安全、技术指导	

3.8 高级技师(一级)

职业功能	工作内容	技能要求	相关知识
1 组织施工(检修)及验交	1.1 组织区段接触网(轨)工程施工	1.1.1 能编制接触网(轨)大型施工组织方案 1.1.2 能根据发现的重大问题制定专项处理方案 1.1.3 能组织接触网(轨)冷滑试验、送电开通及移交	1.1.1 接触网(轨)施工知识 1.1.2 接触网(轨)冷滑试验、送电开通安全注意事项、程序及要求 1.1.3 工程技术总结编制方法
	1.2 组织接触网(轨)工程验交	1.2.1 能确定并完成接触网(轨)验工项目 1.2.2 能完成竣工文件和资料的编制及交接	

续上表

职业功能	工作内容	技能要求	相关知识
2 技术管理	2.1 技术攻关	2.1.1 能针对接触网(轨)存在的问题组织开展技术攻关 2.1.2 能提出接触网(轨)设计、运行管理改进建议	2.1.1 接触网(轨)设计知识 2.1.2 国内、国外接触网先进技术 2.1.3 技术和质量管理知识
	2.2 指导编制和审定检修工艺与施工方案	2.2.1 能指导编制和审定接触网(轨)检修工艺 2.2.2 能指导编制和审定接触网(轨)施工工艺	
3 培训与指导	3.1 技术培训	3.1.1 能对技师及以下接触网(轨)检修工进行技能培训 3.1.2 能进行新技术、新工艺、新材料、新设备的应用培训	3.1.1 培训讲义的编写方法 3.1.2 计算机常用办公软件的使用方法 3.1.3 培训指导的要点、方法和注意事项
	3.2 业务指导	3.2.1 能对技师及以下接触网(轨)检修工进行业务技术指导	

4 比 重 表

4.1 理论知识

4.1.1 接触网检修工

项目		初级(%)	中级(%)	高级(%)	技师(%)	高级技师(%)
基础知识		25	20	15	—	—
相关知识	支撑、定位装置安装与检修	25	15	15	—	—
	接触悬挂装置安装与检修	25	20	25	—	—
	设备安装与检修	—	15	25	—	—
	设备测量及巡视	—	15	—	—	—
	设备检修防护	25	15	—	—	—
	故障抢修	—	—	10	45	—
	组织施工(检修)及验交	—	—	10	25	45
	技术管理	—	—	—	20	35
	培训与指导	—	—	—	10	20
合计		100	100	100	100	100

4.1.2 接触轨检修工

项目		初级(%)	中级(%)	高级(%)	技师(%)	高级技师(%)
基础知识		25	20	15	—	—
相关知识	设备测量与巡视	30	20	—	—	—
	隔离开关倒闸操作	25	—	—	—	—
	设备检修防护	20	10	—	—	—
	设备安装与检修	—	40	45	—	—
	故障抢修	—	10	25	45	—
	组织施工(检修)及验交	—	—	15	25	45
	技术管理	—	—	—	20	35
	培训与指导	—	—	—	10	20
合计		100	100	100	100	100

4.2 技能操作

4.2.1 接触网检修工

项目		初级(%)	中级(%)	高级(%)	技师(%)	高级技师(%)
技能要求	支撑、定位装置安装与检修	40	20	15	—	—
	接触悬挂装置安装与检修	40	25	25	—	—
	设备安装与检修	—	25	25	—	—
	设备测量及巡视	—	20	—	—	—
	设备检修防护	20	10	—	—	—
	故障抢修	—	—	15	30	—
	组织施工(检修)及验交	—	—	20	30	45
	技术管理	—	—	—	20	40
	培训与指导	—	—	—	20	15
合计		100	100	100	100	100

4.2.2 接触轨检修工

项目		初级(%)	中级(%)	高级(%)	技师(%)	高级技师(%)
技能要求	设备测量与巡视	30	25	—	—	—
	隔离开关倒闸操作	40	—	—	—	—
	设备检修作业防护	30	15	—	—	—
	设备安装与检修	—	40	60	—	—
	故障抢修	—	20	20	30	—
	组织施工(检修)及验交	—	—	20	30	45
	技术管理	—	—	—	20	40
	培训与指导	—	—	—	20	15
合计		100	100	100	100	100

城市轨道交通(跨座式单轨)接触网检修工职业技能标准

1 职业概况

1.1 职业名称

城市轨道交通(跨座式单轨)接触网检修工。

1.2 职业定义

从事跨座式单轨接触网系统和环网系统设备安装、调试、检修和故障处理的人员。

1.3 职业等级

本职业共设五个等级,分别为:初级(五级)、中级(四级)、高级(三级)、技师(二级)、高级技师(一级)。

1.4 职业环境

室内、外,常温,高电压及高空。

1.5 职业能力特征

具有语言表达以及对事物的分析和判断能力;手指、

手臂灵活，动作协调性好；有空间想象及一般计算能力；心理及身体素质良好，无职业禁忌症（恐高症、心脏病、高血压、癫痫症等）；听力及辨色力正常，双眼矫正视力不低于5.0。

1.6 基本文化程度

高中毕业（或同等学历）。

1.7 培训要求

1.7.1 培训期限

全日制职业学校教育，根据其培养目标和教学计划确定。晋级培训期限：初级不少于300标准学时；中级不少于200标准学时；高级不少于180标准学时；技师不少于120标准学时；高级技师不少于60标准学时。

1.7.2 培训教师

培训初、中级的教师应具有本职业高级及以上职业资格证书或相关专业初级及以上专业技术职务任职资格；

培训高级的教师应具有本职业技师及以上职业资格证书或相关专业中级及以上专业技术职务任职资格；

培训技师的教师应具有本职业高级技师职业资格证书或本专业高级专业技术职务任职资格；

培训高级技师的教师应具有本职业高级技师职业资格证书2年及以上或本专业高级专业技术职务任职资格2年及以上。

1.7.3 培训场地设备

满足教学需要的标准教室,技能培训基地、演练场或作业现场,有必要的设备、工具、量具、仪表、仪器等。

1.8 鉴定要求

1.8.1 适用对象

从事或准备从事本职业的人员。

1.8.2 申报条件

——初级(五级)

在本企业从事本职业工作,并具备以下条件之一者:

(1)经本职业初级(五级)正规培训达到规定标准学时数,并取得结业证书;

(2)本职业学徒期满;

(3)连续从事本职业工作 1 年及以上。

——中级(四级)

在本企业从事本职业工作,并具备以下条件之一者:

(1)取得本职业初级(五级)职业资格证书后,连续从事本职业工作满 3 年及以上,经本职业中级(四级)正规培训达到规定标准学时数,并取得结业证书;

(2)取得本职业初级(五级)职业资格证书后,连续从事本职业工作满 4 年及以上;

(3)具有本专业或相关专业中专及以上学历,且在本职业连续工作满 1 年及以上;

(4)具有本专业或相关专业大专及以上学历;

(5)连续从事本职业工作 6 年以上。

——高级(三级)

在本企业从事本职业工作,并具备以下条件之一者:

(1)取得本职业中级(四级)职业资格证书后,连续从事本职业工作满 3 年及以上,经本职业高级(三级)正规培训达到规定标准学时数,并取得结业证书;

(2)取得本职业中级(四级)职业资格证书后,连续从事本职业工作满 4 年及以上;

(3)具有本专业或相关专业本科及以上学历,且在本职业连续工作满 1 年及以上;

(4)具有本专业或相关专业研究生及以上学历。

——技师(二级)

在本企业从事本职业工作,并具备以下条件之一者:

(1)取得本职业高级(三级)职业资格证书后,连续从事本职业工作满 5 年及以上,经本职业技师(二级)正规培训达到规定标准学时数,并取得结业证书;

(2)取得本职业高级(三级)职业资格证书后,连续从事本职业工作满 6 年及以上。

——高级技师(一级)

在本企业从事本职业工作,并具备以下条件之一者:

(1)取得本职业技师(二级)职业资格证书后,连续从事本职业工作满 3 年及以上,经本职业高级技师(一级)正规培训达到规定标准学时数,并取得结业证书;

(2)取得本职业技师(二级)职业资格证书后,连续从事本职业工作满 4 年及以上。

1.8.3 鉴定方式

分为理论知识考试和技能操作考核。理论知识考试采用闭卷笔试或上机考试的方式,技能操作考核采用现场实际操作方式。理论知识考试和技能操作考核均实行百分制,成绩皆达60分及以上者为合格。技师、高级技师还须进行综合评审。

1.8.4 考评人员与考生配比

理论知识考试中的监考人员与考生配比为1∶15,每个标准教室不少于2名监考人员;操作技能考核中的考评人员与考生配比为1∶5,且不少于3名考评人员。综合评审委员不少于5人。

1.8.5 鉴定时间

理论知识考试时间为90 min,技能操作考核时间按实际需要和考核项目确定,原则上不少于40 min,综合评审时间不少于45 min。

1.8.6 鉴定场所设备

理论知识考试在标准教室进行。技能操作考核在职业技能鉴定基地、演练场或作业现场进行,场地条件及工具、量具、仪表、仪器等应满足实际操作需求,可酌情配设辅助操作人员。

2　基本要求

2.1　职业道德

2.1.1 职业道德基本知识

(1)热爱祖国,热爱本职工作

(2)刻苦学习,钻研技术

(3)爱岗敬业,具有高度的责任心

(4)遵守纪律,安全文明

(5)尊师爱徒,严守岗位职责

2.1.2 职业守则

(1)遵守法律、法规和有关规定

(2)严格执行工作程序、工作规范、工作标准和安全操作规程

(3)工作认真负责,具有高度责任感和良好的团队合作精神

(4)爱护设备及工具、夹具、刀具、量具和仪器、仪表

(5)着装整洁,符合规定

(6)保持工作环境清洁有序,文明生产

2.2　基础知识

2.2.1 城市轨道交通概论相关知识

(1)城市轨道交通的产生与发展

(2)城市轨道交通的概念、分类

(3)城市轨道交通的优缺点

2.2.2 电工基础知识

(1)电工原理

(2)电子技术原理

(3)电磁基本知识

(4)高压电气绝缘基本知识

(5)安全用电常识

2.2.3 钳工及材料工艺学基础知识

(1)配钻的相关知识

(2)手工加工螺纹的相关要求

(3)常用标准紧固件强度等级紧固力矩值的相关标准

(4)常用材料工艺及属性

2.2.4 机械制图及工程力学知识

(1)接触网(环网)简单安装图的识图及制图知识

(2)接触网(环网)供电示意图及故障分析示意图绘制相关知识

(3)机械制图及工程力学相关知识

2.2.5 常用工具的使用与维护知识

(1)电工工具:兆欧表、接地电阻测试仪、直流电阻测试仪、万用表

(2)测量工具:接触网测量仪、车体接地板专用测量尺、接触线磨耗测量仪、游标卡尺、水平尺

(3)紧固工具:扭矩扳手、断线钳、手扳葫芦、紧线器

(4)压力工具:汇流排整正器、接触线煨弯器、压接工

具、接触线碾直器

(5)电动工具:电钻、角磨机、切铝机、电动扳手、哈克锚枪机

(6)安全工具:验电器、接地线、绝缘手套、绝缘鞋、警示灯、安全帽、安全带、对讲机

2.2.6 安全文明生产与环境保护知识

(1)《中华人民共和国安全生产法》相关知识

(2)《中华人民共和国环境保护法》相关知识

(3)《职业健康安全管理体系规范》相关知识

(4)安全操作与劳动保护知识

2.2.7 质量管理知识

(1)行业的质量方针

(2)岗位的质量要求

(3)全面质量管理的基本知识

2.2.8 相关法律、法规和规章知识

(1)《中华人民共和国劳动法》相关知识

(2)《中华人员共和国合同法》相关知识

(3)《中华人民共和国消防法》相关知识

(4)《中华人民共和国职业病防治法》相关知识

(5)《跨座式单轨交通设计规范》相关知识

(6)《跨座式单轨交通施工及验收规范》相关知识

3　工作要求

本标准对初级（五级）、中级（四级）、高级（三级）、技师（二级）、高级技师（一级）的技能要求依次递进，高级别涵盖低级别的要求。

3.1　初级（五级）

职业功能	工作内容	技能要求	相关知识
1 安全防护	1.1 安全警示	1.1.1 能准确选用警示标志 1.1.2 能正确设置警示标志 1.1.3 能正确撤除警示标志	1.1.1 警示标志的选用 1.1.2 警示标志设置要求
	1.2 验电接地	1.2.1 能正确选用验电接地设备 1.2.2 能正确检查验电接地设备状态 1.2.3 能正确进行验电接地	1.2.1 验电器、接地线检查方法及标准 1.2.2 验电接地操作要求
	1.3 作业令办理	1.3.1 能按作业令办理规定正确办理作业令 1.3.2 能正确完整填写作业令记录	1.3.1 作业令办理相关规定 1.3.2 作业令记录填写要求

续上表

职业功能	工作内容	技能要求	相关知识
2 设施设备分解组装	2.1 接触线拆卸、安装	2.1.1 能测量接触线磨耗 2.1.2 能拆卸、安装接触线及线夹 2.1.3 能制作接触线回头	2.1.1 单轨接触网接触线的构造原理及作用 2.1.2 单轨接触网接触线检修工艺
	2.2 绝缘子、汇流排拆卸、安装	2.2.1 能拆卸单轨接触网绝缘子、汇流排 2.2.2 能安装单轨接触网绝缘子、汇流排	2.2.1 单轨接触网绝缘子、汇流排结构及原理 2.2.2 单轨接触网绝缘子、汇流排安装施工工艺
	2.3 识别环网电缆结构及功能	2.3.1 能识别环网电缆外护套标识 2.3.2 能阐述环网电缆结构功能	2.3.1 电缆种类划分 2.3.2 电缆结构及工作原理
3 设施设备检测调试	3.1 导高、拉出值检查	3.1.1 能检查、调整单轨接触网导高 3.1.2 能检查、调整单轨接触网拉出值	3.1.1 单轨接触网平面布置原理 3.1.2 单轨接触网接触线调整施工工艺要求
	3.2 锚段关节检查	3.2.1 能检查接触网锚段关节的 a、b 值	3.2.1 单轨接触网锚段关节结构及安装要求

续上表

职业功能	工作内容	技能要求	相关知识
3 设施设备检测调试	3.2 锚段关节检查	3.2.2 能调整接触网锚段关节的 a、b 值	3.2.2 单轨接触网锚段关节 a、b 值调整施工工艺要求
	3.3 环网电缆检查	3.3.1 能巡视检查环网电缆工作环境 3.3.2 能检查环网电缆是否受损	3.3.1 环网电缆工作环境具体要求 3.3.2 环网电缆故障检测标准

3.2 中级(四级)

职业功能	工作内容	技能要求	相关知识
1 设施设备分解组装	1.1 避雷器拆卸、安装	1.1.1 能拆卸、安装避雷器 1.1.2 能拆卸、安装避雷器计数器、脱离器 1.1.3 能拆卸、安装母排直流电缆	1.1.1 避雷器构造原理及作用 1.1.2 脱离器构造及原理 1.1.3 计数器构造及原理
	1.2 锚段关节拆卸、安装	1.2.1 能拆卸单轨接触网各种型号锚段关节 1.2.2 能安装单轨接触网各种型号锚段关节	1.2.1 单轨接触网锚段关节结构及原理 1.2.2 单轨接触网锚段关节安装施工工艺

续上表

职业功能	工作内容	技能要求	相关知识
1 设施设备分解组装	1.3 车体接地板拆卸、安装	1.3.1 能拆卸单轨接触网各种型号车体接地板 1.3.2 能安装单轨接触网各种型号车体接地板	1.3.1 单轨接触网车体接地板结构及原理 1.3.2 单轨接触网车体接地板安装施工工艺
2 设施设备检测调试	2.1 隔离开关一次设备检查	2.1.1 能检查、调整隔离开关刀闸分合距离 2.1.2 能检查、调整隔离开关传动机构行程	2.1.1 隔离开关一次设备结构及原理 2.1.2 直流电机基础理论
	2.2 接触网对地绝缘检查	2.2.1 能检查单轨接触网系统对地绝缘 2.2.2 能测量单轨接触网系统对地绝缘	2.2.1 牵引供电系统结构及原理 2.2.2 绝缘电阻测试原理 2.2.3 绝缘电阻测试仪使用方法
	2.3 环网电缆电阻检查	2.3.1 能测量环网电缆主绝缘层绝缘电阻 2.3.2 能测量环网电缆直流电阻	2.3.1 绝缘电阻测试原理 2.3.2 直流电阻测试仪使用方法
3 故障处理	3.1 隔离开关一次设备故障处理	3.1.1 能处理隔离开关分合闸不到位故障 3.1.2 能处理隔离开关传动机构失效等故障	3.1.1 隔离开关一次设备结构及原理 3.1.2 直流电机基础理论

续上表

职业功能	工作内容	技能要求	相关知识
3 故障处理	3.2 上网电缆故障处理	3.2.1 能处理直流上网电缆脱落故障 3.2.2 能处理直流上网电缆击穿故障	3.2.1 直流电缆结构及原理 3.2.2 终端压接设备使用方法 3.2.3 终端头制作工艺及标准
	3.3 绝缘子故障处理	3.3.1 能处理绝缘子破损故障 3.3.2 能处理绝缘子断裂故障	3.3.1 单轨接触网绝缘子安装工艺 3.3.2 单轨接触网安全操作规程
	3.4 汇流排故障处理	3.4.1 能处理汇流排卡滞故障 3.4.2 能处理汇流排变形故障 3.4.3 能处理汇流排拉弧烧伤故障	3.4.1 单轨接触网汇流排检修工艺 3.4.2 单轨接触网安全操作规程

3.3 高级(三级)

职业功能	工作内容	技能要求	相关知识
1 设施设备分解组装	1.1 汇流排预弯、打孔、铆接	1.1.1 能对道岔汇流排、曲线汇流排进行预弯处理 1.1.2 能对汇流排中间接头进行打孔、铆接安装	1.1.1 汇流排的结构尺寸及公差 1.1.2 打孔、铆接工具的使用方法 1.1.3 汇流排打孔、铆接工艺及标准

续上表

职业功能	工作内容	技能要求	相关知识
1 设施设备分解组装	1.2 锚段关节电连接焊接	1.2.1 能对单轨接触网锚段关节电连接进行焊接 1.2.2 能对单轨接触网锚段关节电连接焊接进行质量鉴定	1.2.1 锚段关节的构造及原理 1.2.2 氩弧焊的使用方法 1.2.3 锚段关节电连接焊接工艺及标准
2 设施设备检测调试	2.1 隔离开关二次设备检查	2.1.1 能检测隔离开关二次控制回路工作是否正常 2.1.2 能检测隔离开关二次元件工作是否正常	2.1.1 隔离开关二次回路原理 2.1.2 二次接线校验方法 2.1.3 万用表使用方法
	2.2 道岔接触网调整	2.2.1 能调整单轨接触网单开道岔 2.2.2 能调整单轨接触网三开道岔 2.2.3 能调整单轨接触网五开道岔	2.2.1 单轨道岔结构及原理 2.2.2 单轨道岔接触网结构及原理 2.2.3 单轨道岔汇流排尺寸及公差
3 故障处理	3.1 隔离开关二次设备故障处理	3.1.1 能处理隔离开关分合闸控制回路失效故障 3.1.2 能处理隔离开关电动机构失效故障 3.1.3 能处理隔离开关分合闸信号显示异常故障	3.1.1 隔离开关二次回路原理 3.1.2 二次接线校验方法

续上表

职业功能	工作内容	技能要求	相关知识
3 故障处理	3.1 隔离开关二次设备故障处理	3.1.4 能处理隔离开关加热回路异常故障	3.1.3 隔离开关二次元件功能及原理
	3.2 环网电缆短路故障处理	3.2.1 能通过保护装置判断环网电缆短路故障范围 3.2.2 能用仪表识别环网电缆是否短路故障	3.2.1 供电环网系统结构及原理 3.2.2 环网电缆漏电保护原理
	3.3 道岔接触网过渡异常故障处理	3.3.1 能处理道岔在反位处,曲外侧受电弓切削接触线故障 3.3.2 能处理道岔在反位处,曲内侧受电弓撞击接触线故障	3.3.1 单轨道岔结构及原理 3.3.2 单轨道岔接触网结构及原理 3.3.3 单轨道岔汇流排尺寸及公差 3.3.4 单轨列车受电弓结构及工作原理
4 落成校验	4.1 接触网机械性能校验	4.1.1 能鉴定单轨接触网各部抗弯强度的质量等级 4.1.2 能鉴定单轨接触网各部抗拉强度的质量等级	4.1.1 单轨接触网零部件技术规格 4.1.2 单轨接触网设计标准 4.1.3 单轨列车受电弓结构及工作原理

续上表

职业功能	工作内容	技能要求	相关知识
4 落成校验	4.2 接触网静态参数性能校验	4.2.1 能鉴定单轨接触网纵坡及横坡的质量等级 4.2.2 能鉴定单轨接触网磨耗的质量等级	4.2.1 单轨接触网设计标准 4.2.2 单轨接触线结构及化学成分

3.4　技师(二级)

职业功能	工作内容	技能要求	相关知识
1 故障处理	1.1 接触网异常磨耗故障分析处理	1.1.1 能对单轨接触网电气磨耗进行分析处理 1.1.2 能对单轨接触网机械磨耗进行分析处理	1.1.1 电摩擦原理 1.1.2 金属摩擦原理 1.1.3 单轨线路结构及原理 1.1.4 单轨列车结构及原理 1.1.5 电弧熔蚀原理
	1.2 接触网高阻短路接地故障点查找处理	1.2.1 能使用检测设备查找、处理直流电缆击穿后高阻接地短路故障 1.2.2 能使用检测设备查找、处理支撑绝缘子内部击穿后高阻接地短路故障	1.2.1 牵引系统结构及原理 1.2.2 牵引所接地漏电保护原理 1.2.3 供电运行方式及供电分区 1.2.4 高阻接地原理

续上表

职业功能	工作内容	技能要求	相关知识
1 故障处理	1.3 环网电缆击穿故障查找处理	1.3.1 能使用检测设备查找、处理环网电缆中间头击穿故障 1.3.2 能使用检测设备查找、处理环网电缆主绝缘击穿故障	1.3.1 牵引供电线路原理及供电分区 1.3.2 环网电缆结构尺寸及公差 1.3.3 高电压基础知识
2 落成校验	2.1 接触网电气性能校验	2.1.1 能鉴定单轨接触网系统载流能力的质量等级 2.1.2 能鉴定单轨接触网系统牵引网阻抗的质量等级	2.1.1 接触网载流原理 2.1.2 牵引电流与直流电阻发热原理
	2.2 环网系统落成校验	2.2.1 能鉴定环网系统桥支架、爬架、电缆敷设方式的质量等级 2.2.2 能鉴定环网系统接地干线的质量等级	2.2.1 环网电缆技术规格 2.2.2 桥支架、爬架技术规格 2.2.3 电缆敷设质量验收标准 2.2.4 桥支架、爬架质量验收标准 2.2.5 接地干线质量验收标准

续上表

职业功能	工作内容	技能要求	相关知识
3 技术管理	3.1 检修过程管理	3.1.1 能编制单轨接触网(环网)作业标准 3.1.2 能进行接触网常用检修工具加工改造 3.1.3 能调查、分析、处理事故并提出预防措施 3.1.4 能对接触网专项检修提出施工方案及材料预算	3.1.1 劳动定额与劳动生产率相关知识 3.1.2 故障分析报告的内容和写作方法 3.1.3 作业指导书的编写方法 3.1.4 单轨接触网设备技术规程 3.1.5 单轨接触网工器具技术性能相关知识
	3.2 检修工艺改进	3.2.1 能对现行的检修设备和检修工艺及作业标准提出可行性改进意见 3.2.2 能撰写技术总结	3.2.1 单轨接触网检修工序和工艺 3.2.2 技术总结的内容和写作方法
4 培训指导	4.1 技术培训	4.1.1 能对初、中、高级单轨接触网(环网)检修工进行安全、技术培训 4.1.2 能编写培训讲义	4.1.1 培训计划的编写方法 4.1.2 培训教学的基本方法 4.1.3 单轨接触网(环网)新技术、新工艺

续上表

职业功能	工作内容	技能要求	相关知识
4 培训指导	4.2 专业指导	4.2.1 能对初、中、高级单轨接触网(环网)检修工进行安全、技术指导 4.2.2 能在作业中应用新技术、新工艺、新材料、新设备	4.2.1 新材料有关知识 4.2.2 新设备有关知识

3.5 高级技师(一级)

职业功能	工作内容	技能要求	相关知识
1 故障处理	1.1 弓网配合异常磨耗现象分析处理	1.1.1 能分析、处理单轨列车受电弓与接触网异常磨耗问题 1.1.2 能分析、处理单轨列车受电弓与接触网跟随性差问题	1.1.1 接触网的结构与特性 1.1.2 受电弓的构造与特性 1.1.3 轨道线路的结构与特性
	1.2 弓网配合异常拉弧现象分析处理	1.2.1 能分析、处理单轨列车受电弓与接触网拉弧问题 1.2.2 能分析、处理单轨接触网受流质量差问题	1.2.1 单轨接触网设计规范 1.2.2 单轨列车电气结构原理 1.2.3 拉弧理论

续上表

职业功能	工作内容	技能要求	相关知识
2 落成校验	2.1 接触网静态参数落成校验	2.1.1 能使用测量工具检测接触网静态参数 2.1.2 能使用检测设备监测载流运行条件下接触网几何尺寸的质量等级	2.1.1 接触网静态检测工具工作原理
	2.2 触网动态参数落成校验	2.2.1 能使用检测设备监测载流运行条件下弓网取流的质量等级 2.2.2 能分析比对静态与动态检测数据差异并建立数学模型	2.2.1 接触网动态监测设备工作原理 2.2.2 接触网燃弧率 2.2.3 接触网弹性不均匀原理
3 技术管理	3.1 检修过程管理	3.1.1 能按质量管理体系文件要求指导检修 3.1.2 能提出保障安全的建议和措施 3.1.3 能编制单轨接触网(环网)专项检查的实施步骤、方法,并对检测设备提出技术要求 3.1.4 能审核各类应急预案 3.1.5 能对单轨接触网设备提出大修技术标准、检修工装、检修工艺,并编制作业指导书	3.1.1 质量管理体系相关知识 3.1.2 质量鉴定和验收作业标准编制方法

续上表

职业功能	工作内容	技能要求	相关知识
3 技术管理	3.1 检修过程管理	3.1.6 能编制单轨接触网(环网)质量等级和验收作业标准	
	3.2 检修工艺改进	3.2.1 能进行接触网设计制造缺陷的整改处理,能进行接触网系统的优化升级 3.2.2 能编制接触网整修计划、加装改造计划 3.2.3 能设计和改进单轨接触网(环网)的检修专用工具和设备 3.2.4 能对接触网(环网)检修工艺过程进行评价,并提出书面整改意见和实施要点	3.2.1 单轨接触网(环网)检修工艺 3.2.2 单轨接触网(环网)设计规范 3.2.3 单轨接触网(环网)质量验收评定办法
	3.3 撰写论文	3.3.1 能根据工作实际撰写技术论文 3.3.2 能根据工作实际审核技术论文	3.3.1 技术论文的内容和写作方法 3.3.2 单轨接触网施工工序和工艺 3.3.3 单轨接触网设计相关标准

续上表

职业功能	工作内容	技能要求	相关知识
4 培训指导	4.1 技术培训	4.1.1 能对技师及以下的单轨接触网(环网)检修工进行安全、技术培训 4.1.2 能进行新技术、新工艺、新材料、新设备的应用培训	4.1.1 培训讲义的编写方法 4.1.2 计算机常用办公软件的使用方法 4.1.3 培训指导的要点、方法和注意事项
	4.2 专业指导	4.2.1 能对技师及以下的单轨接触网(环网)检修工进行安全指导 4.2.2 能对技师及以下的单轨接触网(环网)检修工进行技术指导	4.2.1 培训讲义的编写方法 4.2.2 计算机常用办公软件的使用方法 4.2.3 培训指导的要点、方法和注意事项

4 比 重 表

4.1 理论知识

项目		初级(%)	中级(%)	高级(%)	技师(%)	高级技师(%)
基本要求	职业道德	5	5	5	5	5
	基础知识	25	15	10	5	5
相关知识	安全防护	10	—	—	—	—
	分解组装	30	25	15	—	—
	检测调试	30	25	25	—	—
	故障处理	—	30	35	20	20
	落成校验	—	—	10	30	20
	技术管理	—	—	—	20	25
	培训指导	—	—	—	20	25
合计		100	100	100	100	100

4.2 技能操作

项目		初级(%)	中级(%)	高级(%)	技师(%)	高级技师(%)
技能要求	安全防护	20	—	—	—	—
	分解组装	30	30	20	—	—
	检测调试	50	30	20	—	—
	故障处理	—	40	35	20	15
	落成校验	—	—	25	30	25
	技术管理	—	—	—	25	30
	培训指导	—	—	—	25	30
合计		100	100	100	100	100

城市轨道交通(有轨电车)接触网检修工职业技能标准

1　职业概况

1.1　职业名称

城市轨道交通(有轨电车)接触网检修工。

1.2　职业定义

从事城市轨道交通有轨电车接触网设备安装、调试以及在运营过程中负责检查、维修保养和应急故障处置的人员。

1.3　职业等级

本职业共设五个等级,分别为:初级(五级)、中级(四级)、高级(三级)、技师(二级)、高级技师(一级)。

1.4　职业环境条件

室外、室内,高压,高空。

1.5　职业能力特征

有获取、领会和理解外界信息的能力;有语言表达以及对事物的分析和判断能力;手指、手臂灵活,动作协调性好;心理及身体素质较好,无职业禁忌症(恐高症、心脏病、高血压、癫痫病等);听力及辨色力正常,双眼矫正视力不低于5.0。

1.6 基本文化程度

高中毕业(或同等学历)。

1.7 培训要求

1.7.1 培训期限

全日制职业学校教育,根据其培养目标和教学计划确定。晋级培训期限:初级不少于300标准学时;中级不少于200标准学时;高级不少于180标准学时;技师不少于120标准学时;高级技师不少于80标准学时。

1.7.2 培训教师

培训初、中级的教师应具有本职业高级及以上职业资格证书或相关专业初级及以上专业技术职务任职资格;培训高级、技师的教师应具有本职业技师职业资格证书1年及以上或相关专业中级及以上专业技术职务任职资格;培训高级技师的教师应具有本职业高级技师职业资格证书2年及以上或相关专业高级专业技术职务任职资格,并具有丰富的维修组织、疑难故障分析和施工调试经验,掌握本专业有关前沿科技知识。

1.7.3 培训场地设备

满足教学需要的标准教室、技能培训基地、演练场或作业现场,有必要的设备、工具、量具、仪表等。

1.8 鉴定要求

1.8.1 适用对象

从事或准备从事本职业的人员。

1.8.2 申报条件

——初级(五级)

取得中等职业教育毕业证书。

——中级(四级)

在本企业从事本职业工作,并具备以下条件之一者:

(1)取得本职业初级(五级)职业资格证书 1 年及以上;

(2)取得高等职业教育毕业证书;

(3)具有高中及以上文化程度,且连续从事本职业工作 2 年及以上;

(4)取得相关职业(工种)初级(五级)职业资格证书,且连续从事本职业工作 1 年及以上。

——高级(三级)

在本企业从事本职业工作,并具备以下条件之一者:

(1)取得本职业中级(四级)职业资格证书 2 年及以上;

(2)取得高等教育毕业证书;

(3)取得高等职业教育毕业证书,且连续从事本职业工作 3 年及以上;

(4)取得相关职业(工种)中级(四级)职业资格证书 2

年及以上，且连续从事本职业工作 3 年及以上。

——技师（二级）

在本企业从事本职业工作，并具备以下条件之一者：

（1）具有中等职业教育或高中以上学历，在本企业从事本职业工作，且取得本职业高级（三级）职业资格证书 3 年及以上；

（2）具有中等职业教育或高中以上学历，长期从事本职业工作，技术领先，具有突出的工作业绩，符合试点企业的破格申报条件，经本人申请、单位推荐，公示通过后，可破格申报技师（二级）。

——高级技师（一级）

在本企业从事本职业工作，并具备以下条件之一者：

（1）具有中等职业教育或高中及以上学历，在本企业从事本职业工作，且取得本职业技师（二级）职业资格证书 4 年及以上；

（2）具有中等职业教育或高中及以上学历，长期从事本职业工作，技术领先，具有突出的工作业绩，符合试点企业的破格申报条件，经本人申请、单位推荐，公示通过后，可破格申报高级技师（一级）。

1.8.3 鉴定方式

初、中、高级鉴定分为理论知识考试和技能操作考核两个部分。理论知识考试采用笔试或机考的方式，技能操作考核采用现场操作、模拟操作等方式。理论知识考试、技能操作考核均实行百分制，成绩皆达 60 分及以上者为合格。

技师、高级技师鉴定分为理论知识考试、技能操作考核和综合评审三个部分。理论知识考试和技能操作考核的方式与初、中、高级一致。综合评审采用业绩评价和论文答辩结合的方式进行评审。理论知识考试、技能操作考核及综合评审均实行百分制,成绩皆达 60 分及以上者为合格。

1.8.4 考评人员与考生配比

理论知识考试考评人员与考生配比为 1∶15,每个标准教室不少于 2 名考评人员。技能操作考核考评员与考生配比为 1∶5,且不少于 3 名考评员。综合评审委员人数为不少于 5 人的单数。

1.8.5 鉴定时间

理论知识考试时间不少于 60 min,技能操作考核时间按实际需要和考核项目确定,原则上不少于 30 min。

1.8.6 鉴定场所设备

理论知识考试在标准教室进行。技能操作考核在职业技能鉴定基地、演练场或作业现场进行。场地条件及工具、量具、仪表等应满足实际操作需要,可酌情配设辅助操作人员。符合环境保护、劳动保护、安全和消防等各项要求。

2 基本要求

2.1 职业道德

2.1.1 职业道德基本知识

2.1.2 职业守则

(1)遵章守纪,令行禁止

(2)工作认真,严于律己

(3)准点守时,安全在心

(4)精检细修,保证质量

2.2 基本知识

2.2.1 有轨电车概论

(1)有轨电车规划、建设

(2)有轨电车车辆

(3)有轨电车供电

(4)有轨电车线路

(5)有轨电车通信、信号

(6)有轨电车行车组织和调度知识

(7)有轨电车车辆段设备及行车设备知识

2.2.2 识图、识料知识

(1)接触网图例

(2)识读接触网平面图、零件图、安装图

2.2.3 接触网运行检修与施工基础知识

(1)接触网基础知识

(2)接触网施工知识

(3)接触网运行检修管理

2.2.4 电工基础知识

(1)牵引供电系统基础知识

(2)电子技术基础知识

(3)交、直流基础知识

(4)常用控制电器种类、结构及作用

2.2.5 接触网力学基础知识

(1)物体受力分析

(2)接触网零部件受力分析

(3)力学相关知识

2.2.6 工器具的使用及维护知识

(1)安全帽、荧光衣、安全带、验电器、接地线、绝缘手套、绝缘鞋等安全防护用品使用及维护知识

(2)兆欧表、万用表、接地电阻测试仪、接触网全参数激光测量仪、游标卡尺等仪器仪表使用知识

(3)扭矩扳手、断线钳、压接钳、手扳葫芦、紧线、水平尺、导线校正器、导线直弯器、梯车、梯子、对讲机等工器具使用及维护知识

2.2.7 安全和环境保护知识

(1)现场作业环境

(2)一般救护常识

(3)消防知识

(4)现场作业安全常识

(5)现场行车环境

2.2.8　相关法律、法规知识

(1)《中华人民共和国安全生产法》相关知识

(2)《中华人民共和国环境保护法》相关知识

(3)《中华人民共和国道路交通安全法》相关知识

(4)《中华人民共和国突发事件应对法》相关知识

3 工作要求

本标准对初级(五级)、中级(四级)、高级(三级)、技师(二级)、高级技师(一级)的技能要求依次递进,高级别涵盖低级别的要求。

3.1 初级(五级)

职业功能	工作内容	技能要求	相关知识
1 安全防护	1.1 警示标志设置与拆除	1.1.1 能正确设置警示标志 1.1.2 能正确拆除警示标志	1.1.1 警示标志设置要求 1.1.2 警示标志拆除要求
	1.2 验电接地	1.2.1 能正确进行验电接地工作 1.2.2 能正确拆除接地线	1.2.1 验电器、接地线检查要求 1.2.2 验电接地操作要求
2 识图识料	2.1 图纸识别	2.1.1 能识别接触网图例 2.1.2 能查看接触网平面布置图	2.1.1 接触网图例识读 2.1.2 接触网的主要组成部分及悬挂类型

续上表

职业功能	工作内容	技能要求	相关知识
2 识图识料	2.2 零部件识别	2.2.1 能识别接触网所有零部件 2.2.2 能掌握零部件使用场所	2.2.1 接触网的主要组成部分及悬挂类型 2.2.2 接触网零部件的分类 2.2.3 接触网零件型号、规格
3 设备检测	3.1 检测仪器使用	3.1.1 能识别检测仪器 3.1.2 能正确使用检测仪器	3.1.1 检测仪器分类 3.1.2 检测仪器的使用方法
	3.2 参数测量	3.2.1 能测量接触线导高、拉出值 3.2.2 能测量跨距 3.2.3 能测量补偿装置 a 值、b 值 3.2.4 能测量支柱侧面限界	3.2.1 接触网各类参数技术标准及测量方法 3.2.2 补偿装置 a 值、b 值的定义 3.2.3 接触网导高、拉出值的定义
4 设备检查、安装检修	4.1 设备巡视检查	4.1.1 能检查外部环境对接触网的影响 4.1.2 能对支柱及接触网设备零部件运行状态进行检查 4.1.3 能检查补偿装置 a、b 值是否符合运行要求	4.1.1 外部环境影响接触网设备的因素 4.1.2 接触网零部件安装状态 4.1.3 支柱巡视检查标准

续上表

职业功能	工作内容	技能要求	相关知识
4 设备检查、安装、检修	4.1 设备巡视检查	4.1.4 能检查受温度变化影响的设备 4.1.5 能填写设备巡视记录	4.1.4 设备巡视检查标准 4.1.5 温度对接触网线索的影响 4.1.6 补偿装置 a、b 值设计标准及补偿安装曲线图 4.1.7 设备巡视记录填写要求
	4.2 设备检修防护及辅助作业	4.2.1 能进行接触网验电作业 4.2.2 能按程序接挂、拆除地线 4.2.3 能搬运工具、材料 4.2.4 能推扶梯车、辅助扶梯	4.2.1 验电器的使用方法及注意事项 4.2.2 有轨电车接触网安全工作规程中关于验电接地以及梯车和梯子作业相关规定 4.2.3 搬运工作材料相关要求
	4.3 设备检修调整	4.3.1 能清扫各式绝缘子 4.3.2 能按标准紧固螺栓 4.3.3 能填写设备检修记录	4.3.1 绝缘子的一般知识及其清扫方法和要求 4.3.2 螺栓紧固标准 4.3.3 常用量具及使用方法 4.3.4 设备检修记录填写要求

续上表

职业功能	工作内容	技能要求	相关知识
4 设备检查安装检修	4.4 设备安装	4.4.1 能预配、安装支柱的底座 4.4.2 能根据给定尺寸完成支持、定位装置组装	4.4.1 接触网支柱的相关知识 4.4.2 底座安装标准及注意事项 4.4.3 支柱安装图识读 4.4.4 螺栓紧固标准

3.2 中级(四级)

职业功能	工作内容	技能要求	相关知识
1 安全防护	1.1 作业监护	1.1.1 能监护他人完成验电接地工作 1.1.2 能监护他人完成接地线的拆除工作	1.1.1 验电器、接地线检查要求 1.1.2 验电接地操作要求
	1.2 作业令办理	1.2.1 能按作业令办理规定正确办理作业令 1.2.2 能独立审核作业令的正确性	1.2.1 正线轨行区施工作业管理办法 1.2.2 车场轨行区施工作业管理办法
2 识图识料	2.1 图纸运用	2.1.1 能查看接触网安装图 2.1.2 能运用接触网安装图	2.1.1 接触网安装图知识 2.1.2 接触网安装图使用方法

续上表

职业功能	工作内容	技能要求	相关知识
2 识图识料	2.2 零部件使用	2.2.1 能读懂主要零部件相关参数 2.2.2 能正确使用主要零部件	2.2.1 接触网零部件主要材质 2.2.2 零部件防腐要求 2.2.3 接触网零件用途和使用方法
3 设备检测	3.1 参数测量	3.1.1 能测量线岔参数 3.1.2 能测量分段绝缘器参数 3.1.3 能测量导线磨耗 3.1.4 能使用接地电阻测试仪测量接地电阻 3.1.5 能测量中间柱安装参数	3.1.1 测量仪器的使用方法 3.1.2 线岔参数测量方法及技术标准 3.1.3 分段绝缘器参数测量方法及技术标准 3.1.4 导线磨耗参数测量方法及标准 3.1.5 接地电阻测试仪、兆欧表使用方法 3.1.6 接触网设备接地电阻的参数测量方法及标准 3.1.7 中间柱安装参数测量方法

续上表

职业功能	工作内容	技能要求	相关知识
3 设备检测	3.2 参数计算	3.2.1 能计算接触网中间柱腕臂转配的安装尺寸 3.2.2 能计算腕臂水平偏移量 3.2.3 能计算接触线拉出值 3.2.4 能计算支柱斜率 3.2.5 能计算线索在温度变化时的变化量	3.2.1 接触线磨耗换算 3.2.2 腕臂安装曲线相关知识 3.2.3 接触网支柱相关知识
4 设备检查、安装、检修	4.1 巡视检查	4.1.1 能检查受电弓运行状态 4.1.2 能进行登乘巡视检查 4.1.3 能检查绝缘子是否存在闪络、放电现象 4.1.4 能检查出接触网设备出现的异常情况	4.1.1 受电弓动态包络线 4.1.2 登乘巡视检查相关要求 4.1.3 绝缘子类型及性能 4.1.4 常见接触网设备故障
	4.2 检修调整	4.2.1 能检修、调整导高、拉出值、定位坡度 4.2.2 能检修、调整中心锚结、锚段关节、线岔、电连接 4.2.3 能调整和更换弹性吊索 4.2.4 能检修、调整分段绝缘器	4.2.1 有关接触悬挂调整的规定 4.2.2 调整接触悬挂装置有关量具、工具使用要求 4.2.3 弹性吊索安装标准及施工要求

续上表

职业功能	工作内容	技能要求	相关知识
4 设备检查、安装、检修	4.2 检修调整	4.2.5 能检调补偿装置 4.2.6 能更换绝缘子 4.2.7 能进行导线接头制作 4.2.8 能检修附加悬挂 4.2.9 能操作、检调隔离开关 4.2.10 能检调维护避雷器、接地线设施 4.2.11 能检修调整汇流排	4.2.4 分段绝缘器作用、结构、原理、要修工艺及技术标准 4.2.5 检调分段绝缘器有关工具、量具的使用要求及螺栓紧固标准 4.2.6 补偿装置安装、检修工艺及标准 4.2.7 隔离开关、避雷器结构及检调要求 4.2.8 高电压防雷及接触网接地知识 4.2.9 导线接头制作方法 4.2.10 更换绝缘子施工方法 4.2.11 汇流排技术标准和检修要求
	4.3 设备安装	4.3.1 能测量计算中间支柱安装参数并选用零部件 4.3.2 能完成各种中间支柱的预制和安装	4.3.1 平面图、安装图、零件图相关知识 4.3.2 各种螺栓紧固标准

续上表

职业功能	工作内容	技能要求	相关知识
4 设备检查、安装、检修	4.3 设备安装	4.3.3 能根据参数在地面上预制软横跨 4.3.4 能制作安装线索接头、回头及锚固 4.3.5 能安装电连接、线岔、中心锚结	4.3.3 软横跨节点类型、用途及零部件组成 4.3.4 回头制作标准及各种接续、终端线夹技术标准 4.3.5 电连接、线岔、中心锚结安装标准 4.3.6 各种受力工具的用途、使用方法及其安全要求

3.3 高级(三级)

职业功能	工作内容	技能要求	相关知识
1 设备检测	1.1 参数测量	1.1.1 能测量导线弛度 1.1.2 能测量转换柱等复杂支柱安装参数	1.1.1 导线弛度计算方法 1.1.2 转换柱等复杂支柱安装参数测量方法
	1.2 受力分析	1.2.1 能分析各支柱受力状况 1.2.2 能分析腕臂受力状况	1.2.1 接触网结构受力分析方法

续上表

职业功能	工作内容	技能要求	相关知识
1 设备检测	1.2 受力分析	1.2.3 能分析线索受力状况 1.2.4 能分析其他接触网设备受力状况	1.2.2 力学基础知识
2 设备检查、安装、检修	2.1 设备安装	2.1.1 能测量计算中心柱、转换柱、道岔定位柱和双线路腕臂柱的零部件安装参数并选用零部件 2.1.2 能完成中心柱、转换柱、道岔定位柱和双线路腕臂柱的预制和安装 2.1.3 能安装、更换隔离开关 2.1.4 能安装、更换分段绝缘器 2.1.5 能安装、更换避雷器 2.1.6 能安装软(硬)横跨 2.1.7 能安装、更换汇流排	2.1.1 平面图、安装图、零件图相关知识 2.1.2 零部件安装技术标准 2.1.3 软横跨节点类型、用途及零部件组成 2.1.4 避雷器、隔离开关、分段绝缘器结构原理、安装要求及安全注意事项 2.1.5 各种受力工具的用途、使用方法及其安全要求 2.1.6 汇流排安装要求
	2.2 组织施工	2.2.1 能组织安装定位、支持装置	2.2.1 隔离开关、分段绝缘器、避雷器、软横跨安装工艺及技术标准

续上表

职业功能	工作内容	技能要求	相关知识
2 设备检查、安装、检修	2.2 组织施工	2.2.2 能组织安装、更换隔离开关、分段绝缘器、避雷器、软横跨 2.2.3 签发接触网停电作业工作票 2.2.4 组织接触网停电检修作业	2.2.2 定位、支持装置安装工艺及技术标准 2.2.3 有轨接触网安全工作规程中有关签发工作票、工作领导人的相关规定 2.2.4 接触网检修作业施工管理办法，相关设备检修、安装工艺和标准
3 故障抢修	3.1 故障诊断	3.1.1 能掌握故障抢修各项流程 3.1.2 能根据故障信息判断故障类型 3.1.3 能制定故障处理方案，并组织实施	3.1.1 接触网抢修作业的程序及注意事项 3.1.2 接触网相关应急预案 3.1.3 接触网常见故障判断及处置方法
	3.2 故障处理	3.2.1 能处理线索故障 3.2.2 能处理锚段关节故障 3.2.3 能处理下锚装置故障 3.2.4 能处理隔离开关故障	3.2.1 线索规格、尺寸及技术性能参数 3.2.2 接触线的架设 3.2.3 接触网主要设备调整、维护

续上表

职业功能	工作内容	技能要求	相关知识
3 故障抢修	3.2 故障处理	3.2.5 能处理分段绝缘器故障 3.2.6 能处理线岔故障 3.2.7 能制定列车起复时接触网拆除、恢复配合方案	3.2.4 有关配合事故抢修救援的规定
	3.3 故障分析	3.3.1 能收集故障有关信息并能分析判定 3.3.2 能对故障原因进行初步分析	3.3.1 抢修作业的程序及安全注意事项 3.3.2 受电弓取流及机车牵引有关知识

3.4 技师(二级)

职业功能	工作内容	技能要求	相关知识
1 设备检测	1.1 测量作业	1.1.1 能测量软横跨结构参数 1.1.2 能使用水准仪、经纬仪等复杂测量仪器	1.1.1 水准仪、经纬仪等复杂测量仪器使用说明 1.1.2 测量软横跨结构参数的方法
	1.2 参数计算	1.2.1 能计算软(硬)横跨分段长度 1.2.2 能绘制软横跨预制草图	1.2.1 软(硬)横跨计算方法 1.2.2 软横跨预制图绘制方法

续上表

职业功能	工作内容	技能要求	相关知识
2 设备检查、安装、检修	2.1 设备预配、安装	2.1.1 能预配软(硬)横跨 2.1.2 能安装软(硬)横跨	2.1.1 软(硬)横跨技术标准 2.1.2 软(硬)横跨安装工艺
	2.2 组织施工	2.2.1 能组织安装软(硬)横跨 2.2.2 能组织架设接触线及附加导线 2.2.3 能组织更换接触线及附加导线	2.2.1 软(硬)横跨技术标准 2.2.2 软(硬)横跨安装工艺 2.2.3 张力曲线、驰度曲线、下锚补偿安装曲线知识 2.2.4 接触线、附加导线架线工艺及安全注意事项 2.2.5 起重作业的有关规定
3 故障抢修	3.1 制定抢修预案	3.1.1 能查找分析各种故障原因并提出解决措施 3.1.2 能制定接触网故障抢修预案	3.1.1 供电事故处理规则 3.1.2 接触网各种故障的发生原因及处理方法 3.1.3 制定故障抢修预案的要求
	3.2 接口故障处理	3.2.1 能对接触网与其他专业接口故障进行分析、处理	3.2.1 牵引供电系统

续上表

职业功能	工作内容	技能要求	相关知识
3 故障抢修	3.2 接口故障处理	3.2.2 能维护接触网动态检测设施、设备,完善、修改技术参数	3.2.2 接触网动态检测综合评定 3.2.3 弓网关系相关知识
4 技术管理	4.1 绘制接触网竣工平面图(草图)	4.1.1 能根据平面设计图、施工记录、设计变更通知书、竣工文件等资料绘制接触网竣工平面图(草图)	4.1.1 绘制接触网竣工平面图有关知识
	4.2 编制和改进接触网施工、检修工艺	4.2.1 能分析接触网结构、零部件、工具存在的不足并提出改进建议 4.2.2 能编制、改进接触网施工、检修工艺	4.2.1 接触网结构受力分析方法 4.2.2 弓网关系知识 4.2.3 编制接触网施工、检修工艺的技术和安全知识 4.2.4 接触网及其零部件经常发生的问题及处理方法
	4.3 撰写技术总结	4.3.1 能对接触网运行状况进行分析总结 4.3.2 能撰写技术总结	4.3.1 接触网设备缺陷处理方法及相关分析方法 4.3.2 技术总结的内容和写作方法

续上表

职业功能	工作内容	技能要求	相关知识
5 培训指导	5.1 技术培训	5.1.1 能对中、高级接触网检修工进行安全、技术培训 5.1.2 能编写培训讲义	5.1.1 培训教学的基本方法 5.1.2 培训计划编制方法
	5.2 专业指导	5.2.1 能对中、高级接触网检修工进行安全、技术指导 5.2.2 能在作业中应用、推广新技术、新工艺、新材料、新设备	5.2.1 牵引供电新技术、新工艺、新材料、新设备有关知识

3.5 高级技师(一级)

职业功能	工作内容	技能要求	相关知识
1 施工及验收	1.1 组织施工改造	1.1.1 能编制接触网大型施工改造组织方案 1.1.2 能进行改造和更换项目施工的衔接与配合 1.1.3 能进行改造和更换项目施工的组织和用工评估 1.1.4 能进行接触网设备零配件和材料失效评估与用料估算 1.1.5 能进行施工现场的安全生产条件和气象条件评估	1.1.1 接触网新技术、新工艺、新材料、新设备有关知识 1.1.2 接触网冷滑试验、送电开通的知识和安全注意事项 1.1.3 施工组织及其设计

续上表

职业功能	工作内容	技能要求	相关知识
1 施工及验收	1.2 接触网工程验收	1.2.1 能完成竣工文件和资料的交接 1.2.2 能组织接触网完工验收及其开通送电工作 1.2.3 熟悉设计、施工验收规范和有关技术规定 1.2.4 能完成工程技术总结	1.2.1 接触网工程开通送电程序及要求 1.2.2 竣工验收交接程序及要求 1.2.3 工程技术总结编制知识 1.2.4 接触网技术规程 1.2.5 接触网新技术、新工艺相关知识
2 技术管理	2.1 组织开展技术攻关活动	2.1.1 能针对接触网存在的问题组织开展技术攻关 2.1.2 能提出接触网设计、运行管理改进建议	2.1.1 接触网设计基本知识 2.1.2 国内外接触网先进技术动态 2.1.3 技术攻关相关知识
	2.2 指导编制和审定接触网施工、检修工艺	2.2.1 能指导编制和审定接触网检修工艺 2.2.2 能指导编制和审定接触网施工工艺	2.2.1 技术和质量管理知识 2.2.2 编制和审定接触网施工、检修工艺的方法 2.2.3 检修、施工经常发生的问题及处理方法

续上表

职业功能	工作内容	技能要求	相关知识
2 技术管理	2.3 撰写技术论文	2.3.1 能对接触网管理或设备维护等方面重大问题进行深入分析,并提出有效解决方案 2.3.2 能撰写技术论文	2.3.1 接触网重大问题分析方法 2.3.2 技术论文的内容和写作方法
3 培训指导	3.1 技术培训	3.1.1 能对技师及以下接触网检修工进行安全、技术培训 3.1.2 能进行新技术、新工艺、新材料、新设备的应用培训	3.1.1 培训讲义的编写方法 3.1.2 计算机常用办公软件的使用方法
	3.2 专业指导	3.2.1 能对技师及以下接触网检修工进行业务技术指导	3.2.1 培训指导的要点、方法和注意事项

4 比重表

4.1 理论知识

项目		初级(%)	中级(%)	高级(%)	技师(%)	高级技师(%)
基本要求	职业道德	5	5	5	5	5
	基础知识	15	15	10	10	10
相关知识	安全防护	10	10	—	—	—
	识图识料	10	5	—	—	—
	设备检测	30	30	15	5	—
	设备检查、安装、检修	30	35	40	20	—
	故障抢修	—	—	30	20	—
	施工及验收	—	—	—	—	35
	技术管理	—	—	—	30	30
	培训指导	—	—	—	10	20
合计		100	100	100	100	100

4.2 技能操作

项目		初级(%)	中级(%)	高级(%)	技师(%)	高级技师(%)
技能要求	安全防护	20	20	—	—	—
	识图识料	20	10	—	—	—
	设备检测	30	30	20	10	—
	设备检查、安装、检修	30	40	40	20	—
	故障抢修	—	—	40	20	—
	施工及验收	—	—	—	—	30
	技术管理	—	—	—	30	40
	培训指导	—	—	—	20	30
合计		100	100	100	100	100